読めても凄い
書けるともっと凄い

感じる漢字ドリル

初・中級編

JSM研究会編

感じる漢字ドリルの使い方

(1) **官能小説ならではの独自な表現**

官能小説でよく使う漢字が比較的優しい順で列記されています。ページが進むにつれて難易度が上がります。

(2) **ページの半分を赤シート下敷きで隠して楽しく学習**

1ページの右側が問題、左側が解答と解説になっています。ページの左半分を付属の赤シート下敷きで隠す、もしくは解答側を折って学習してください。

(3) **同じ漢字の各例題が難しい順**

各例題はその漢字が閃きにくい順番で列記されています。例題が進むにつれ、その漢字をイメージしやすくなっています。

(4) **例題が官能的だから学習意欲が沸く**

例題がエッチで興味深い文章となっているので、より妄想を働かせられ、学習意欲が沸きます。

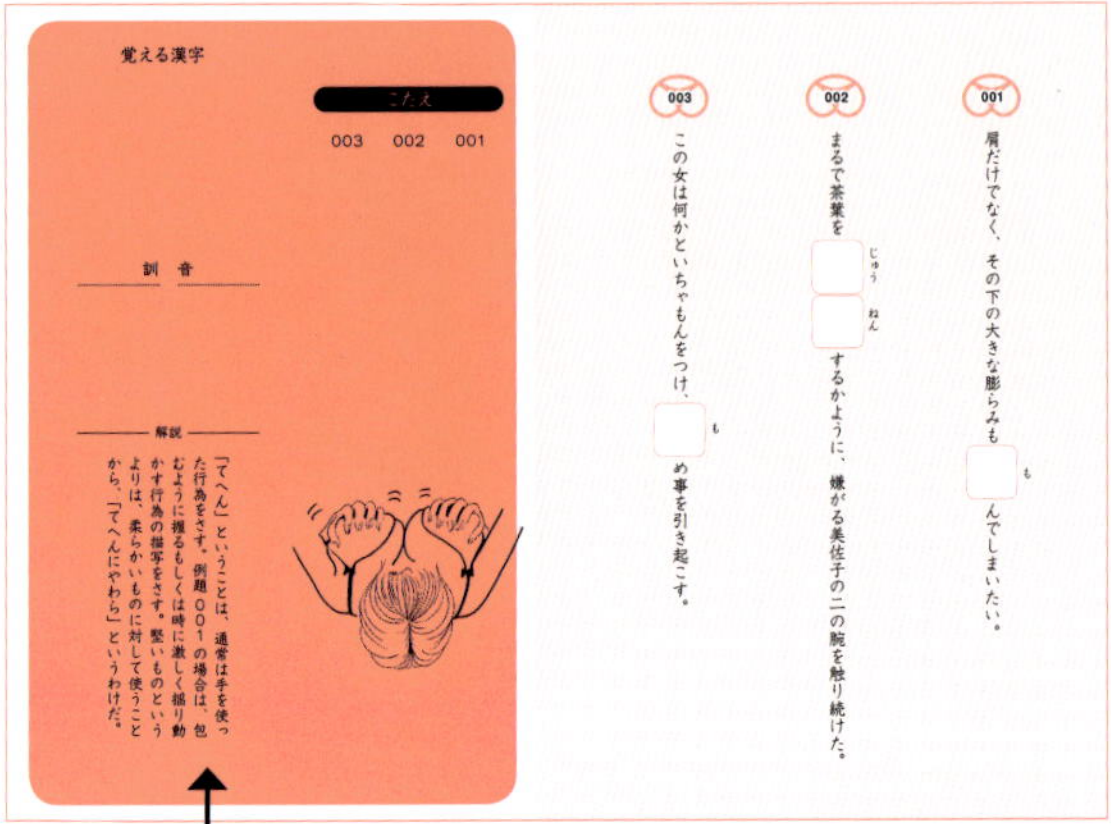

こちら側を付属の赤シートで隠す、
もしくは折り込んで隠して学習！

(5) 全漢字が必ず官能小説に使われている！

すべての漢字が官能小説に使われたことのあるものです。日常使う漢字でも通称「エロ漢字」と呼ばれるマニアックな表現で使われていることが学習できます。

(6) 解答が5割正解なら相当の官能小説マニア、8割できたら官能小説家超え！作家も狙える

官能小説の作家は年配の方が多く表現もそれぞれ個性的で独特です。いかに細かな描写を言葉で伝えるかの工夫を堪能してみてください。インターネットや辞書を使わずに8割解答できたら、官能小説家を超える実力です。

(7) 覚える漢字が必ずマスの中に入る

「えっ、この例題に同じ漢字が入るの？」そうです。知っている漢字でも意外な使われ方、読み方があります。

(8) 男女ともども飲みの席やパーティーで明るく盛り上がろう！

どれぐらいエロ漢字を知っているか、飲みながら楽しんでみるのもおススメです。

(9) うんこに負けるな、エロで勝負！

想像力、妄想力を含んだ学習は印象に残ります。覚えるために子どもがうんこなら、大人はエロで覚えましょう。

(10) さあ、挑戦だ！

全然できなくても落ち込む必要はありません。世の中生きていくためにあまり必要なことでもありませんから。ただすぐにパソコンやスマホを使って調べることはやめましょう。ここはじっくりとペンを片手に楽しく学習しましょう。

001

肩だけでなく、その下の大きな膨らみも□《も》んでしまいたい。

002

まるで茶葉を□《じゅう》□《ねん》するかように、嫌がる美佐子の二の腕を触り続けた。

003

この女は何かといちゃもんをつけ、□《も》め事を引き起こす。

覚える漢字

揉

訓　も(む)

音　じゅう

こたえ

001　揉

002　揉捻

003　揉

解説

「てへん」ということは、通常は手を使った行為をさす。例題001の場合は、包むように握るもしくは時に激しく揺り動かす行為の描写をさす。堅いものというよりは、柔らかいものに対して使うことから、「てへんにやわら」というわけだ。

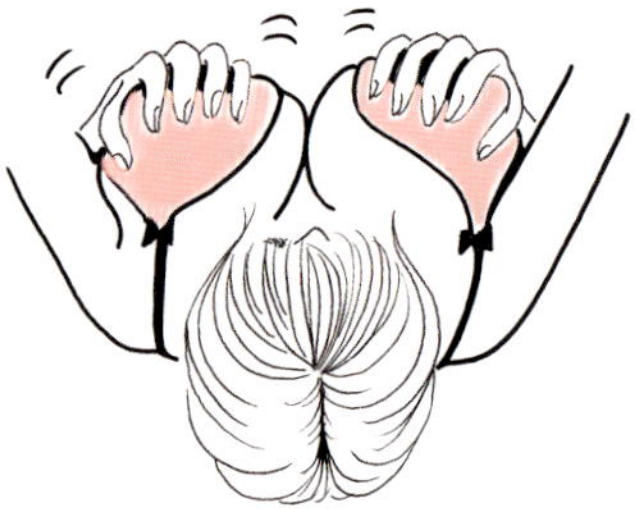

004

くすぐり羽根で透き通った裸体の腰から尻へと□《は》わせてみる。

005

普段から高飛車な女を□《よ》つん□《ば》いにさせ、征服してみた。

006

寝静まった部屋を抜け出し、女子の部屋へと□《よ》□《ば》いに出かけた。

こたえ

004 這

005 四這

006 夜這

覚える漢字

這

音 しゃ

訓 は（う）

解説

「道を言う」を語源に、表面に伝わり進む意味から這うとなった説が有力。「蔦が這う」などの植物の状態を表現する。しかし官能小説では男性女性問わず、相手を這わす行為が、屈する意味やプレイそのものであることから、頻繁に使用されている。

007

激しい痛みをともなう調教に女はひたすら□《もだ》えていた。

008

あまりに大きな刺激に感じることを通り越し、□《もん》□《ぜつ》した。

009

一人の女を友人二人が気に入ってしまい、□《ひと》□《もん》□《ちゃく》起きてしまった。

覚える漢字

悶

音　もん

訓　もだ(える)

こたえ

007　悶

008　悶絶

009　一悶着

その他の言葉

煩悶

身悶え

解説

門は口を表し、心がその中に入る。口に出して言いづらい悩みや苦しみを表現する。心と身体の痛みをともない苦しむことから、官能小説では定番として使われる。大きな声もあげられない状況から「うっ、うっ」などの声にならない声をともなう描写で使われる。

010

その女は観念したようで、□《こう》□《そく》□《ぐ》を付けても、もはや抵抗すらしなかった。

011

この男に□《かか》わると、ロクなことが起きない。

012

それがこの男の□《こだわ》りなのか、何度も女のうなじに頬刷りを繰り返した。

こたえ

010 拘束具

011 拘

012 拘

その他の言葉

拘置所

拘泥

覚える漢字

拘

音: こう

訓: こだわ(る)、かか(わる)

解説

句は言葉を区切る、止めるの意味。「てへん」が付くので、さえぎる意味においてかかわっていられない表現で「拘わる」が使用される。拘束においては手で引っかけて止める意味を持つ。こだわりはいつまでもかかわる意。

013

きつく引き締められた□《あさ》□《なわ》がその女の身体を少しの動きでも絞っていく。

014

かなり全身で感じてきたのか、女は□《なわ》□《よ》いしはじめた。

015

□《じょう》□《もん》時代の土器にオーパーツの予感を感じる。

覚える漢字

縄

音	訓
じょう	なわ

解説

日本の歴史で人の身体と縄の関係は、おもに罪人を捕まえるための捕縄術の道具のひとつだった。しかも単に拘束するだけでなく、全身をくまなくしばる必要があった。そうでないと抜け縄の術を習得した罪人を逃がしてしまうからだ。「一筋縄ではいかない」とはまさにこの流れから生まれた言葉である。

こたえ

013 麻縄

014 縄酔

015 縄文

その他の言葉

一筋縄

泥縄

016

不二子は抵抗するまでもなく、男にされるがままの□《きん》□《ばく》□《め》と成り果てた。

017

その女性議員は間違ったことを許さないタイプだったためか、結果として□《じ》□《じょう》□《じ》□《ばく》の道を進む羽目となった。

018

SMの象徴は□《きっ》□《こう》□《しば》りだが、□《ひし》□《なわ》□《しば》りがほとんどだ。

覚える漢字

縛

音　ばく

訓　しば(る)

こたえ

016　緊縛女

017　自縄自縛

018　亀甲縛　菱縄縛

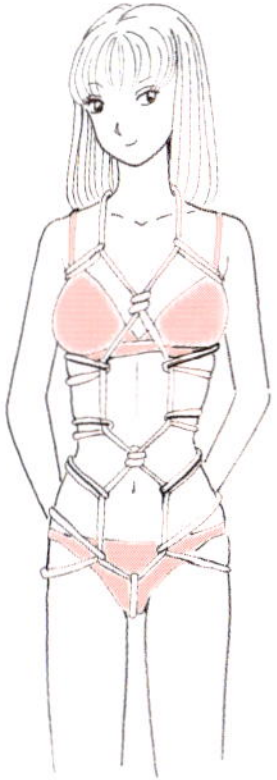

亀甲縛り

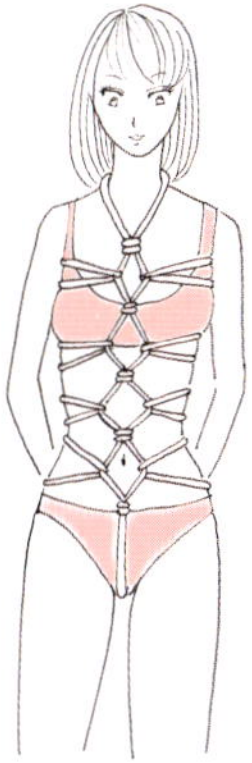

菱縄縛り

解説

SMでは麻縄を使った縛りは象徴的行為。なかでも超有名なのが亀甲縛り。名称の一人歩きの感もあるが、左右対称で美しく完成された縛り方のため、芸術的と賞賛される。しかしながら胸下とヘソ下に2つの六角形を作るのは難度が高いため、2つが◇となる菱縄縛りの方が一般的に使われている。

019

□《あ》み□《むち》が弾ける度に吊るされた女は弓なりにのけぞっていた。

020

その柔らかな尻に何度も□《ば》□《じょう》□《むち》を叩き続けた。

021

今後ともご指導ご□《べん》□《たつ》のほどお願い申し上げます。

覚える漢字

鞭

音	訓
べん	むち

こたえ

019 編鞭

020 馬上鞭

021 鞭撻

その他の言葉

鞭打ちの刑

鞭毛

解説

便は人の都合のいいようにの意。革が付くので、もとは牛や馬を人の都合のいいように動かす、変える革＝鞭である。鞭撻とは本来、鞭で打って懲らしめる意味だが、努力するよう励ます意味を採用している。「ご鞭撻のほど…」とは鞭で打って懲らしめてください、ではない。

022

わきの下に□《したた》る粒汗がその行為の激しさを物語っていた。

023

氷を手に取り、葉子の乳房の上で、氷の解け落ちる□《すい》□《てき》を垂らしはじめてみた。

024

もう我慢の限界だったのだろう。尿が大量の□《しずく》となって流れ出てきた。

覚える漢字

滴

音	訓
てき	したた(る) しずく

解説

ジャバジャバと流れ出るさまでも、官能小説では滴という漢字を使ってもれながら流れ出ている想像を働かせる。また相手の反応をより細かく表現するため、玉汗をかく、あるいは液体が出てくる描写でも使われる。

こたえ

022 滴

023 水滴

024 滴

その他の言葉

中和滴定曲線

雨滴

025

強烈な快感が全身をまとい、これまで出したことのない□《あらわ》な声を放っていた。

026

□《ろ》□《こつ》なまでの大胆な□《ろ》□《しゅつ》に、通行人は驚きながら過ぎ去っていく。

027

□《つゆ》が滴り、そして瞬時に弾けていくピチピチとした肌の女。

覚える漢字

露

音	訓
ろ	あわら つゆ

こたえ

025 露

026 露骨 露出

027 露

その他の言葉

日露戦争

露天風呂

解説

地面が急激に冷やされることで水蒸気が水滴になるさまなので、雨のような路が露となる。露は官能小説において頻繁に使われる必須漢字のひとつ。日常生活では服を着ていて他人の見えない姿が見えるようにならなければストーリーは進まない。露な姿の登場が待たれるのだ。

028

美紀の□《こ》□《かん》にはすでに大量のぬめりとした液体が放出されていた。

029

え、えっ、この金額払って本番なしで□《す》□《また》だけ？

030

私は東京人だが、密かに青森放送の□《いの》□《また》南の大ファンだ。

こたえ

028 股間

029 素股

030 猪股

その他の言葉

四股

股座

股関節

覚える漢字

股

音：こ

訓：また

解説

月は切った肉を表すので、にくづきと呼ばれる。右側は又の上に足があるのを想像させるので、官能小説では股の表現がよく使われている。しかしながら、股一文字ではなく、028の例題ように、股間という表現で用いることがほとんど。

031

身体を完全に固定された郁恵は□《おび》えながら男の次なる行動を見入っていた。

032

「そんな大人数でなんて□《ひ》□《きょう》よ！」加奈子は大声でわめきはしたものの、もはやその多勢になすすべがなかった。

033

相手が□《ひる》んだすきに、裸のまま逃げ出すことに成功した。

こたえ

031 怯

032 卑怯

033 怯

その他の言葉

怯懦

怯弱

覚える漢字

怯

音：きょう

訓：おび（える）　ひる（む）

解説

心が去ると書くことから、怯える、怯むとなった。官能小説では女性が恐怖とよろこびの感情を交差させる描写が欠かせない。だから怯える姿を存分に表現する。身分が高い、高飛車、あるいは高貴な女性の怯える描写が定番となる。

034

今日の佳子の感度は格段に違った。いつもと□《あい》□《ぶ》自体が特別に違うというわけでは決してなかった。

035

キュッと引き締まった若い尻の悶えに男はさらに□《な》で回した。

036

寿美江を激しく攻めた後、□《い》□《ぶ》してやることによろこんだ。

こたえ

034 愛撫
035 撫
036 慰撫

その他の言葉

憮然
大和撫子

覚える漢字

撫

音　ぶ
訓　なで（る）

解説

「てへん」に「舞う」ということから、手で覆いかぶすようにさわる意。愛撫は「なでさすっていつくしむ」意味で、「我が子を愛撫する」などが本来の表現であるが、性的表現でのイメージが強く、我が子を愛撫するなんておかしいと捉われかねないので、今は性的表現での使用が多い。

037

正枝は次第に□《みだ》らな自分を留めておくことができなくなっていた。

038

順子は我慢できなくなり、その男のズボンを下げ□《こう》□《いん》しはじめた。

039

恵子はもはや自分の□《いん》□《らん》さを隠し切れなくなっていた。

覚える漢字

淫

音　いん

訓　みだ(ら)

解説

官能小説に欠かせない象徴的漢字。この漢字を使った2字熟語が多用され、物語りの読み手を一層妄想させ、盛り上げる役目を果たしている重要な言葉となっている。

こたえ

037　淫

038　口淫

039　淫乱

その他の言葉

手淫

淫行

040

スレンダーなボディーを持つ広子を□《し》□《かん》し続けることで、今までその気のなかった広子の表情にも変化が起きてきた。

041

もはや既婚者という立場などどうでもよい。今、目の前にいるこの女性と□《かん》□《いん》する思いをもう止められない。

042

しおらしく従う仁美だったが、行為が終わるといつもの□《かしま》しいおしゃべりで話しかけてくる。

こたえ

040 視姦
041 姦淫
042 姦

その他の言葉

姦通
強姦

覚える漢字

姦

音
かん

訓
かしま(しい)
みだら

解説

前ページの「淫」同様、官能小説では同じく象徴的に使われるエロさを強調できる漢字。3人の女と書くのは、3人女性が集まると、わいわいがやがやとしゃべることから、その昔は正しくないことをさしていた。つまり正道にそむく行為とされていたのだ。今では正しくない性行為の表現が王道となっている。

043

「は、早く」そう言うと、ミニスカートに包まれた尻を□《じれ》たように俺の身体に擦りつけてきた。

044

奈々緒は一向に挿入されないことに□《しょう》□《そう》□《かん》を露に、尻を上下に強く動かしてきた。

045

男たちを前に露な姿にされた由希子には、これから起こることが想像できず、不安と□《あせ》りの表情で何かを訴えたがっている。

覚える漢字

焦

音

しょう

訓

じれ(る)
あせ(る)
こげ(る)

こたえ

043 焦

044 焦燥感

045 焦

解説

小鳥を焼く意味を漢字にしたのが成り立ち。こげるを語源に、炎上しているようなイライラ、苛立ち、不意打ち、あせりの表現として使われる。

046

早紀子はひたすら今起こっている情事に□《よ》い□《し》れた。

047

もう収拾がつかない二人のもつれた□《ち》□《じょう》にどうやって終止符を打てばよいか。

048

□《ち》□《かん》と間違われたとき、ダッシュで逃げるが勝ちという今の満員電車事情に呆れる。

覚える漢字

痴

音

ち

訓

し（れる）
おろ（か）
たわ（け）

こたえ

046	047	048
酔痴	痴情	痴漢

その他の言葉

痴態

痴女

解説

愚か、狂った、善悪の判断がつかない状態を広く表す言葉。痴呆、愚痴はその意味で一般的にもたびたび使われている。最近は満員電車内での痴漢冤罪が取り上げられているので、よく目にする漢字となったが、痴漢はずばり愚かな男（漢）、狂った男を意味する。

049

あのふたりの□《たわむ》れ事を見せつけられて、面白くない。

050

ふたりの□《ち》□《ぎ》は次第にエスカレートしていき、もはや獣の行為を超えはじめていた。

051

さて今日はじっくりと□《ぜん》□《ぎ》を楽しむとするか。

覚える漢字

戯

音
ぎ

訓
たわむ(れる)
ざ(れる)
たわ(け)

解説

戯は虚しい矛を語源に愚かである、遊び半分を意味する。官能小説では男女のいちゃつきの度合いを表現することに使われることが多い。前戯や痴戯などはその男女関係の度合いや深度を含んだ描写に適している。

こたえ

049	050	051
戯	痴戯	前戯

その他の言葉

戯言
鳥獣戯画

052

ツルツルとした生々しい□《ち》□《きゅう》をせり上げ、腰をのけ反りながらボクの尻を脚で抱え込んできた。

053

しばらくして股間から粘膜とともに□《ち》□《こう》□《しゅう》が漂ってきた。

054

翔子は全裸にされると、その□《は》□《れん》□《ち》な姿を見られていることに顔を赤らめた。

こたえ

052 恥丘

053 恥垢臭

054 破廉恥

その他の言葉

恥骨

恥ずかしい

覚える漢字

恥

音：ち

訓：は(じる)、はじ

解説

心で思うことを耳で表現する語源から、耳を赤くする意味で、恥（はじ）となる。官能小説では女性の股間正面の恥骨の盛り上がりに対する表現を、俗称の土手やモリマンと用いることは少なく、医学用語の恥丘で描写する。

055

真珠のような□《いん》□《かく》を親指とひとさし指で広げて剥き出しにしてやる。

056

雅子は□《だい》□《いん》□《しん》に食い込むように飾られたピアスを自分で触りはじめた。

057

□《くちびる》を肉棒に近づけると、左手で支えながら、接吻をはじめた。

覚える漢字

陰

音　いん

訓　かげ

唇

音　しん

訓　くちびる

こたえ

055　陰核

056　大陰唇

057　唇

その他の言葉

陰性

陰陽師

上唇

口唇

解説

この2つの漢字は女性器の細かな描写で頻繁に使用される。「陰」はこざと（丘）を雲が太陽を覆い含むことから「かげ」となった。唇は2枚貝から足を出している象形文字「辰」に口が付く。陰唇は（下側の）陰に隠れたくちびるというわけである。

058

高級石鹸を撫でるように股間につけ、女の陰毛を［　］《そ》りはじめた。

059

これから［　］《てい》［　］《もう》の儀式が行われ、ツルツルになってしまうのか。

060

男は鞄からすっーと［　］《かみ》［　］《そり》を取り出し、それを隠し持った。

覚える漢字

剃

音	訓
てい	そ(る)

こたえ

058 剃

059 剃毛

060 剃刀

その他の言葉

剃髪

剃り込み

解説

官能小説では、女性の陰毛を男性が剃毛する行為の描写は、愛の深度、信頼関係の証しとしてよく使われている。部首のりっとうは刀の意で、たとえば利という漢字は、（草木などの）収穫を表す言葉であり、利益などはそれを語源としている。「弟を切る」と書くのは、弟が順序、次第を表すので、一気に切るのではなく丁寧に順序よく切る意味で剃るとなった。

061

初対面の美智子だったが、こんなものを挿入され、□《ち》□《じょく》に耐えるしかなかった。

062

すぐにでもこの女を□《りょう》□《じょく》したい気で一杯となった。

063

今日はどんな□《はずかし》めで楽しませてやるか。

覚える漢字

辱

音	訓
じょく	はずかし(める)

解説

官能小説で多用される代表的な漢字。「恥ずかしい」はどちらかと言えば、若い女性の気持ちの描写で使用し、「辱」は性行為に慣れた相手に与える行為や心情を表現するときに使用することが多い。

こたえ

061 恥辱

062 凌辱

063 辱

その他の言葉

屈辱　侮辱

064

千春のピンクの□《にく》□《しん》を激しく時にゆっくりと撫で回してやると、少しずつ大きくなっていくのがわかった。

065

すでに美千代の□《にく》□《しん》には滑りある液が大量に噴き出していた。

066

革のミニスカートの上から、睦子の□《にく》□《まん》□《じゅう》のように膨れたヒップが誘惑している。

こたえ

064 肉芯
065 肉唇
066 肉饅頭

覚える漢字

芯　肉

音：しん
訓：にく

その他の言葉

花芯
肉茎

解説

「肉」は誰でも書ける簡単な漢字であるが、官能小説では文脈から部位とその状況を想像させなければならず、熟語が多様化される。同じ読み方でも、064は文脈からクリトリスであることを想像させるために「肉芯」、065は同じく陰唇をさすので「肉唇」となる。また肉饅頭は肉マンではなく、よりいやらしさを強調するため、あえて漢字表記する。もちろん、作家によって表現方法の違いはある。

067

女のよがり声に一層激しく指で□《ひ》□《しん》を活発に掻きむしった。

068

淫らな指遣いで□《ひ》□《れつ》に挿入し、□《ひ》□《かく》をこすりながら、肉路の出し入れを繰り返す。

069

顔をゆっくりと□《ひ》□《えん》に近づけ、目の前にある鮮烈なピンクの□《ひ》□《しん》を親指でさすりはじめる。

覚える漢字

秘

音
ひ

訓
ひ(める)

こたえ

067
秘芯

068
秘裂
秘核

069
秘苑
秘芯

その他の言葉

秘液
秘毛

解説

25ページ同様、「秘」は誰もが知る簡単な漢字であるが、やはり文脈から部位とその状況を想像させるため、さまざまな熟語が構成される。作家によって表現方法の違いはあるが、秘芯、秘核、陰核、花芯は同じ部位。秘裂、陰唇、秘苑も同じ部位となる。

070

これ以上焦らされることに耐えられなくなった美登里は、腰を左右に振る動作で□《あい》□《がん》してきた。

071

他の男に犯されている悲痛な叫びに、プレイとは分かりつつも□《あい》□《じょう》を催さざるを得なかった。

072

長い月日をともにしてきたパートナーの死に□《あい》□《せき》の念を堪えない。

こたえ

070 哀願

071 哀情

072 哀惜

その他の言葉

悲哀

哀れ

覚える漢字

哀

音: あい

訓: あわ(れ)

解説

死者が身に纏う服の象形が成り立ち。官能小説は読者層の年齢の高さから、特有の背景が存在する。それは登場する男性パートナーの年齢が高い設定になりやすいこと。ゆえにパートナーとの死別や熟女のプレイ描写も少なくなく、「哀」の熟語が比較的多く使用される。

073

留美子の白い乳房の先を□《あま》□《が》みしてやると、留美子の身体が弓なりにのけ反った。

074

拘束され、唯一使えるのは口だけ。だが、逃げることに必死のあまり、歯を使って手錠を□《ごう》□《さい》した。

075

鞭で叩かれ、赤く変色した尻に更なる痛さを与えるため、歯で強めに□《か》んでやると、女は絶叫した。

覚える漢字

嚙
音：こう、ごう、げつ
訓：か(む)

咬
音：こう
訓：か(む)

こたえ

073 甘嚙
074 嚙砕
075 咬

その他の言葉

咬嚙
米嚙み

解説

文脈で使い分ける漢字。073では相手に痛気持ちいい感覚を与えることが目的なので嚙むを使用。一方、075では相手が傷つけられることに快感を覚えるので咬むを使用する。

076

目の前のいきり立った大柄な男の存在に、露な姿で人体を固定された芳江の背筋に□《せん》□《りつ》が走った。

077

多勢の男たちが、これから自分に対してするであろう行為に、身体の芯から□《ふる》えあがった。

078

今、目の前で起きている惨状に□《おのの》くしかなかった。

こたえ

076 戦慄

077 慄

078 慄

その他の言葉

慄然

危慄

覚える漢字

慄

音　りつ

訓　おのの（く）　ふる（える）

解説

官能小説ではサンズイとリッシンベンが付く漢字が多く見受けられる。なかでも欲情の世界に入り込んでしまった女性に対して、「慄」はあらゆるシーンの描写に欠かせない。正確には、「慄える」で「ふるえる」とは読まないし、「慄ばらせる」で「こわばらせる」とも読まない。が、小説では描写をより想起させるため、流れで漢字を当て字化する。

079

脚を大きく広げてやると、ピンクにぬめった真知子の□《ちつ》□《こう》が丸見えとなった。

080

ねっとりとした半透明の□《ちつ》□《ぶん》□《ぴ》□《えき》が淫裂から吐き出てくる。

081

大きく広げられ固定された股間に□《ちつ》□《かい》□《こう》□《き》を入れる。

覚える漢字

膣

音

ちつ

こたえ

079 膣口

080 膣分泌液

081 膣開口器

その他の言葉

経膣分娩

秘膣

解説

ニクヅキの右側は室ではなく、窒となる。穴に至る部位なので膣となる。作家の表現手法の違いがあり、比喩的に想像させる秘裂や秘口、ややリアル感のある口唇、淫口に比べ、膣は医学的でかなりリアルな表現となる。

082
服の上からでもあからさまに分かるその□《よう》□《えん》な官能美にときめいてしまった。

083
ねっとりと□《つや》のある秘液が股間をつたって太腿に流れた。

084
キョンキョンの名曲□《あで》□《すがた》ナミダ娘をたまには聴きたい。

こたえ

082 妖艶
083 艶
084 艶姿

その他の言葉

華艶
艶かしい

艶

音
えん

訓
あで
なまめ(かしい)
うらや(む)
つや

解説

豊かさある色っぽさが語源。女性誌では「艶やか」「艶のある」といった色や若さの表現で使われるが、官能小説となるとナイスバディで色っぽい描写で使用される。古めかしくも、誰にでも想像できる漢字としては重宝される。

085

洋子はピンク色のバイブが取り付けられたパンティを□《は》かされた。

086

初めて経験する女の相手をするとは、□《せん》□《こう》の儀式を執り行うことを仰せつかったというわけだ。

087

□《うが》った見方をしても、この女は気持ちのいいぐらい完璧な計らいをする。

覚える漢字

穿

音	訓
せん	は(く) うが(つ)

こたえ

085 穿

086 穿孔

087 穿

解説

「穿く」は足元から下半身に付ける時に使用。パンツを履くではない。膝まであるロングブーツの場合は「穿く」を使用する方がよりエロチックとなる。穿孔は穴をあける意。処女喪失や後家などが久々に性行為をいとなむ場合の表現で使用。また「穿った見方」は疑心暗鬼に見ることではなく、より本質に捉えて見ることをさす。

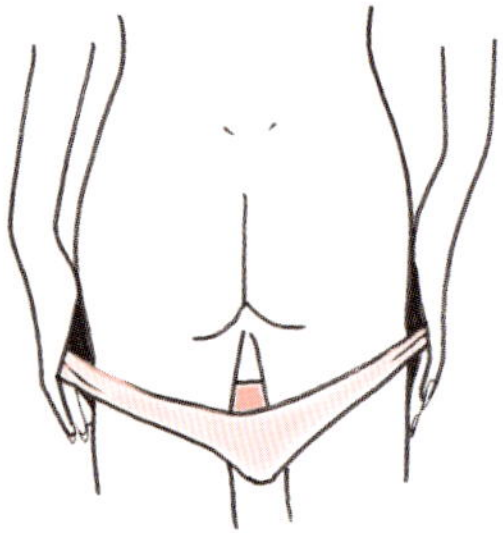

088

緊縛のまま吊るし上げられた順子の姿態がそこにいた大勢の男たちの眼に□《さら》された。

089

放射線□《ひ》□《ばく》する恐ろしさをあらためて訴え続けなければならない。

090

豊満だった裕美の痩せ□《さらば》えた姿に哀れむしかなかった。

覚える漢字

曝

音

ばく
ほく

訓

さら(す)
さらば(える)

こたえ

088 曝(晒)

089 被曝

090 曝

解説

「曝す」は官能小説では辱める行動の表現で頻繁に使用。作家により「晒す」の使用を好むことも。暴でさらすの意を持つが、日にさらすを語源に「曝す」となった。人目に曝(晒)すことで曝された女性の感情と肉体の変化の表現につなげる大きな役目を持つ漢字だ。

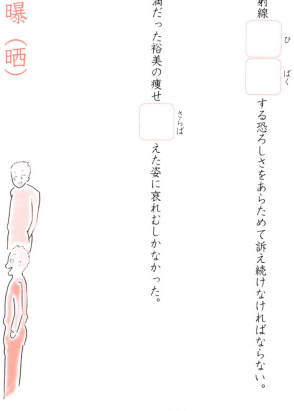

091

着物姿の幸恵になぜか欲情と□《こう》□《ふん》が引き起きてきた。

092

この□《たかぶ》りをもう抑える手立ては何ひとつなくなっていた。

093

乳房をじっくりと撫で回すと、恵美の呼吸は□《こう》□《よう》□《かん》ある息遣いへと変化した。

覚える漢字

昂

音

こう
ごう

訓

たかぶ(る)
たか(い)
あ(がる)

こたえ

091 昂奮

092 昂

093 昂揚感

解説

太陽を仰ぎ見るを語源とする。「昂」は官能的状態の表現として使われるので、091は興奮ではなく昂奮、093は高揚感ではなく昂揚感が使われる。

その他の言葉

意気軒昂

激昂

094

ただ動かせばいいってもんじゃない。□《くわ》えたら心を込めてありがたくしゃぶるんだ。

095

肉棒を□《こう》□《ない》にズボッと入れ込むと、口で激しくストロークしてきた。

096

口で優しく包むように支え、その上で少々の刺激を与えるように□《か》むなんて、テクニックそのものだ。

こたえ

094 咥

095 咥内（口内）

096 咥（噛）

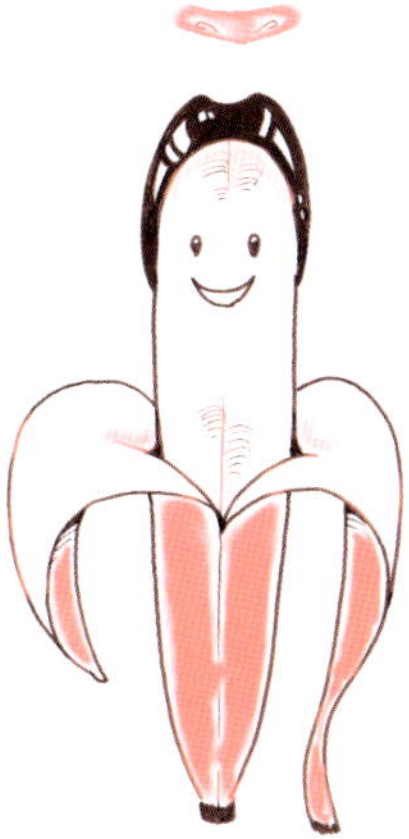

覚える漢字

咥

音：き　てつ

訓：くわ（える）　か（む）

解説

口にくわえる行為をさす。どちらかというと、ソフトに口や歯で支える意味合いが強く、フェラチオの描写では欠かせない漢字。さすがに「かむ」を「咥む」と表現するのには無理があるが、それでも噛むや咬むといった、ややきつめの描写よりは状況の想像を把握しやすい。

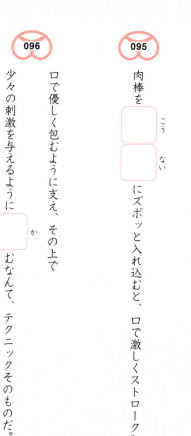

097

それまで感じることもなく□《じゅ》□《たい》していた愛液は、佳代子特有の性感帯のツボにハマった瞬間に噴出した。

098

太腿の内側をじっくりオイルマッサージすると、恥毛の繁みの下はすでにたっぷりと□《うるお》いを保っていた。

099

典子の秘唇はすでに半透明の秘液でべっとり□《ぬ》れていた。

覚える漢字

濡

音　じゅ

訓　ぬ(れる)　うるお(う)

こたえ

097　濡滞

098　濡（潤）

099　濡

その他の言葉

濡れ場

濡れ衣

解説

「濡れる」表現はストレートなので、それを嫌う作家は少なくない。比喩的表現で読者に想起させる、あるいは「濡滞」などの遠回しな表現で妄想を大きくさせる工夫を好む作家もいる。ちなみに濡滞とはとどこおる意。官能小説では濡れない女性が感じることで濡れ出す描写で使われる。

100

もう我慢の限界に到達した美和子は その場でおしっこを□《も》らしてしまった。

101

それは尿□《も》れという次元ではない。だらしない放尿なのだ。

102

感じすぎて□《も》らしたように濡れてしまった時の秘話を□《ろう》□《えい》されてしまった。

こたえ

100 泄（漏）（洩）

101 漏

102 洩（漏）（泄）漏洩

その他の言葉

排泄

雨漏り

歯槽膿漏

覚える漢字

泄
音 せつ えい
訓 も（らす） な（れる）

漏
音 ろう
訓 も（らす）

洩
音 せつ えい
訓 も（らす） の（びる）

解説

作家によりどの漢字を使用するかさまざま。それでも、自発的意味を含めば「洩」、我慢の限界をともなえば「漏」、意思に反してならば「泄」を使用して、読者に臨場感を味わってもらう傾向がある。

103

朝子の□《げき》□《けい》の葉のような陰唇を2本の指で開くように広げてやる。

104

まるで□《さか》□《また》にでも襲われるかのように、大柄な志摩子の身体が私にガバッと覆いかぶさった。

105

恵美子の股間に埋め込まれた二本の棒が交互にストロークされ、耐えきれぬ□《し》□《げき》をもたらしたようだ。

覚える漢字

戟

音	訓
げき	ほこ

こたえ

103 戟形

104 逆戟

105 刺戟

解説

「戟形」とはヒルガオの葉のような形をしたもので、読者に比喩的表現で想像力を駆り立たせる。「逆戟」はシャチの別称である。官能小説では刺激ではなく、刺戟を多用。性行為は快感をともなうことから、漢字の語源がチクチクと刺す意味を持つ「刺戟」なのだ。

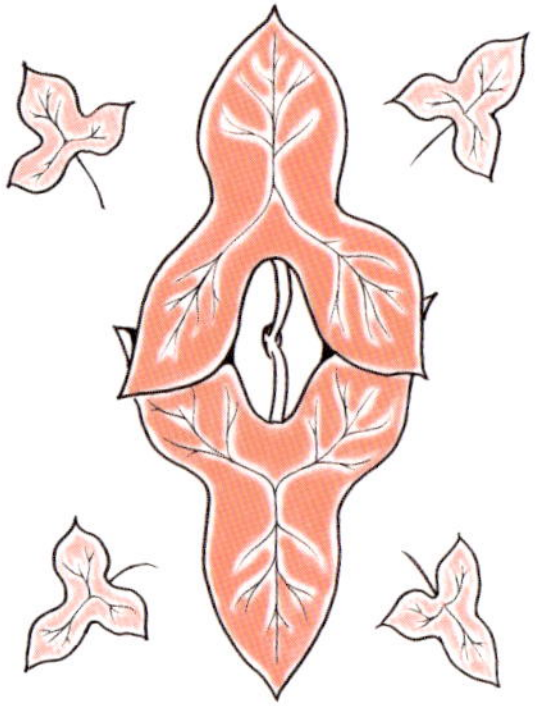

106

縛られ柱に括られた明美の姿は人眼に曝され、□《しゅう》□《ち》の極みである。

107

ツンと立った乳首を摘み上げ、さらに捻じってやると、□《は》ずかしい声が漏れ出した。

108

年端もいかぬ少女でもあるまいが、身体を使うことが久しぶりなのか、服を脱ぎながら頬に□《がん》□《しゅう》の色を浮かべていた。

覚える漢字

羞

音　しゅう

訓　は(じる)　はじ

こたえ

106　羞恥

107　羞

108　含羞

その他の言葉

嬌羞　膳羞

解説

恥じるを使わず、羞じるとするのは「羞」の語源が羊のいけにえを供えるから来ていることが影響している。「羞ずかしい」は性行為の中で曝されている感覚が描写できるので多用されている。「はずかしめる」では「辱める」を使用することが多い。

109

強烈なほどの刺戟を膣口に与えられ、さらに秘液が□《しん》□《しゅつ》した。

110

昂奮のあまり、いきり立った俺の如意棒からはすでに先走りの液が□《しん》□《ろう》してしまっている。

111

パンティを穿いたままの長い愛撫に、□《し》み出た花蜜が大量にこびり付いていた。

覚える漢字

滲

音：しん

訓：し(みる)　にじ(む)

こたえ

109　滲出

110　滲漏

111　滲

その他の言葉

滲透

滲む

解説

通常、「しみでる」は「染み出る」と変換されるが、いやらしさを強調させるためには「滲み出る」が適当とされる。また「滲み」は「にじみ」とも読めるが、汗ではなく液が噴出している描写では「しみ」と読む方が感度が上がる。

112
イヤと言うほどの前戯で揉み抜かれた秘苑に
いずみは□《き》□《えつ》の声を上げた。

113
朋子は快楽の絶頂から呼吸を整え終わると、
□《ゆ》□《えつ》が湧き起こり陶酔感が生まれた。

114
このエクスタシーの□《よろこ》びにずっと浸っていたいと思う。

覚える漢字

悦

音	訓
えつ	よろこ(ぶ)

こたえ

112 喜悦

113 愉悦

114 悦

その他の言葉

悦楽

満悦

解説

りっしんべんは心をさすことから、心を弾ませるほどのよろこびや不安のないさまの意において使われる。喜悦、愉悦（喩悦）、悦楽など官能小説では女性の性行為における描写を「悦」を使って表現することが多くある。いずれも快楽から来るよろこびや楽しみの表現となる。したがって「喜び」や「歓び」は使用頻度が少ない。

115

良子は自分が犯した□《き》□《し》の償いは身体で払うと言い出した。

116

恭子は何人もの男達に犯され、女として□《きず》□《もの》に成り下がったと悲観した。

117

ボクはその女の重大なる□《か》□《し》を逆手に取り、攻めながらも心の支配をはじめた。

覚える漢字

疵

音

し

訓

そし(る)
きず
やまい

こたえ

115 毀疵
116 疵物
117 瑕疵

その他の言葉

無疵
小疵

解説

キズは「傷」が一般的だが、あやまちの意味を前に出すことで事故などの症状とは違った想像を生み出せる「疵」を使う。ちなみに虫刺され薬の「ムヒ」は無比という他に比べることのないという熟語を語源にしているが、「早くきれいに治そう」のフレーズのもと、「無疵（むきず）＝ムヒ」の意味を含んでいるらしい。

118

大量の白い液が挿入された女の秘膣を□《あら》ってやった。

119

手足を縛られた由美子がこちらへ突き出した柔らかな白い尻めがけ□《かん》□《ちょう》を施した。

120

動物園で見た□《あらい》□《ぐま》の微妙な仕草に意地悪さを感じた。

こたえ

118	119	120
浣	浣腸	浣熊

覚える漢字

浣

音	訓
かん	あら(う)

解説

「洗う」ではなく、「浣う」を使用するのは官能小説ならではと言える。それでも液やカスなど穴に詰まったものを取り除く表現で使用することが多い。「試験管を浣う」イメージ。またすすぐ意味合いが強いことから洗熊ではなく、浣熊と表記されることが多い。

121

□《ひ》□《わい》な言葉をささやき、さらにその気にさせてやる。

122

「そんなことをするなんて□《ひ》□《れつ》で□《いや》しいわ」と言われれば言われるほど、ますます燃えてくる。

123

この□《いん》□《わい》な身体にこれからどんなお仕置きをしてやるとするか。

こたえ

121 卑猥

122 卑劣 卑

123 淫猥

その他の言葉

卑弥呼

男尊女卑

猥褻

猥談

覚える漢字

卑
音 ひ
訓 いや(しい)

猥
音 わい
訓 みだ(ら)

解説

「卑」は品性が劣る、下品あるいは身分が低いの意。「猥」は性に関して見境のない下品なことの意。これらの漢字が組み合わさって、極めていることを強調する表現となる。みだら×2＝淫猥、おとる×2＝卑劣、下品×2＝卑猥といった具合だ。

124

「どうせオレなんか相手にもされないだろう」と□《じ》□《ちょう》しながら薄笑いを浮かべた。

125

「何オマエ、ヤれなかったの？」と友人達に□《ちょう》□《しょう》された。

126

拘束され身動きができない麻紀の戦慄を□《あざ》□《わら》うかのように鞭で打ちはじめた。

こたえ

124 自嘲

125 嘲笑

126 嘲笑

覚える漢字

嘲

音　ちょう

訓　あざけ(る)

解説

バカにする意。SMプレイではSがMに対し、その時間の中での身分の違いを明確にするため、どんなに社会的地位が高かろうが、何を言ってもダメだという状況下にあることを認識させるため、女王様やご主人様が嘲笑うことで盛り上がる。

127

響子は積極的にむさぼりながら□《こう》□《こつ》の表情を浮かべた。

128

結婚したての唯は夫のイケメンぶりを□《のろ》□《け》はじめた。

129

□《ほ》れてしまった以上その気持ちの昂りを抑えることはできない。

こたえ

127 恍惚

128 惚気

129 惚

その他の言葉

茫惚

惚け老人

覚える漢字

惚

音

こつ

訓

のろ(け)

ほ(れる)

ぼ(ける)

とぼ(ける)

解説

本来は呆けの意味で使われるが、官能小説では苦悶や歓喜をともなう精神的状態の表現に使用。惚れる行為に悶々としている描写、性行為での女性の悦楽のトランス状態などを恍惚という言葉で表現する。

130

心が［　］《こじ》れた雅恵をもはやだれも相手にしたいとは思わない。

131

マリ子はホテルに来て何もしてこない幸次郎に［　］《す》ねていた。

132

この［　］《しつ》［　］《よう》なまでの三所責めに栄子は何度も絶頂した。

覚える漢字

拗

訓　こじ(れる)　す(ねる)

音　おう　よう

解説

曲がる、素直でない、ひねくれる、ねじれている、しつこいの意。風邪をこじらせるも「拗らせる」を用いる。執拗という熟語でこの漢字を覚えることが多いのだが、「拗らせ女」など最近は訓読みで多用されるようになった。

こたえ

130　拗

131　拗

132　執拗

その他の言葉

開拗音

拗体

133

鎖の付いた首輪をつけられた琴美は
鎖の手綱を手にするご主人様に□《したが》うしかなかった。

134

まる3日も調教された愛子には
ご主人様に□《れい》□《じゅう》することが喜楽となっていた。

135

よし、この□《めす》□《ぶた》□《ど》□《れい》□《おんな》に
特大のアナルバイブを喰わせてやるか。

覚える漢字

隷

音
れい

訓
したが(う)
しもべ

解説

「隷」は神に獣のいけにえを捧げる意味を持つ。一般的には従う、従わせる意味で使われる。ゆえに例題133は本来、「従う」が正しい。「隷う」は官能小説とくにSM小説ならではの表現で、文脈からイメージしてこの漢字が浮かぶと一流なのだ。

こたえ

133 隷（従）
134 隷従
135 牝豚奴隷女

その他の言葉

隷属
隷下

136

聡子は昇天を繰り返し、もはや□《よ》□《せん》を保つ息遣いしかできなかった。

137

真弓はベッドで激しく責められ、□《ぜん》□《めい》の息でかろうじて呼吸をしていた。

138

あまりに急激な刺戟が加わり、思わず大きな□《あえ》ぎ声を出した。

こたえ

136 余喘

137 喘鳴

138 喘

その他の言葉

喘息

残喘

覚える漢字

喘

音　ぜん　せん

訓　あえ(ぐ)

解説

短い息づかいの意だが、官能小説では、情交中の女性から漏れ出る苦悶と快楽をともなう声を表現する漢字となる。「余喘」は虫の息の意だが、激しい行為やエクスタシー後の息づかいの描写で使われる。

139

知子は生理だったようで、秘口から［　］《おり》の混じったワインがこぼれたようにシーツを葡萄色に染めた。

140

範子のネットリとした秘液にうっすらと［　］《お》［　］《どみ》ある白乳液が混じっていた。今さっき別の男としてきたばかりと直感した。

141

調教部屋には獣のような［　］《よど》んだ空気と悪臭が漂っていた。

覚える漢字

澱

音	訓
でん	よど(む) おり

こたえ

139	140	141
澱	沈澱	澱

解説

情交や調教をする部屋の臨場感を表現するために使う。エアコンがガンガンきいているよりも、汗と湿気をともない、互いの体温で温度が上昇し蒸れた空間の方がエロいからだ。例題140は沈澱(ちんでん)が正しい読み方だが、「おどみ」と表現することでいやらしさが増幅する。

その他の言葉

澱粉

澱引き

142 余りの尻の軽さに呆れ、□《だ》□《き》すべき女とした。

143 女王様は四つん這いになったM男に□《つば》を吐きかけた。

144 自分の□《だ》□《えき》をビン詰めにしてそれを売る女子校生。

覚える漢字

唾

音	訓
だ	つば

こたえ

142 唾棄

143 唾

144 唾液

その他の言葉

固唾

天唾

解説

くちへんに垂れるなので「つば」「唾液」。官能小説ではあらゆる液が描写される。唾液も情交表現では頻繁に使用される。「口元に粘ついてキラキラと唾液が光っている」などの描写はその状況をより想像させるために不可欠なのだ。

145

口で愛撫し続けると、張りつめ硬くなった乳首は勢いよく□《とが》りはじめた。

146

すでにいきり立った棒の□《せん》□《たん》からは先走った液が出ていた。

147

□《せん》□《かく》□《しょ》□《とう》は日本が実効支配している固有領土である。

覚える漢字

尖

音 せん

訓 とが(る)

こたえ

145 尖

146 尖端

147 尖閣諸島

解説

下が大きく上に行くにしたがって小さくなるものをさすので、小と大が上下につながった漢字となる。「愛撫すると乳首が大きくなる」といった表現では臨場感を伝えるには不親切で、尖る、硬くなるなど想像を膨らませる表現の使用が好ましい。

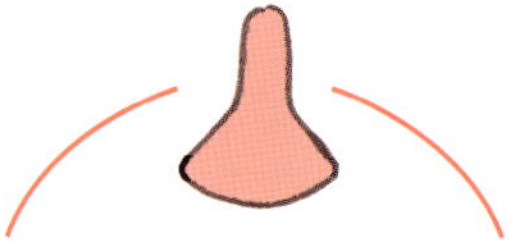

148

拘束され、ボールギャグで口を覆われた姿には□《れん》□《びん》の情が沸く。

149

まるで少女のような痩せ細った貧乳に□《か》□《れん》さと初々しさを感じる。

150

プライドが高く横柄な態度の女だったが、こうして緊縛され身動きができない姿になると□《あわれ》みを覚える。

こたえ

148	149	150
憐憫	可憐	憐

その他の言葉

憐情
哀憐

覚える漢字

憐

音：れん

訓：あわ(れ)　あわれ(み)

解説

五代将軍徳川綱吉のお触れ「生類憐みの令」でわかるように、不憫に思う気持ちという意味。可哀そうに思う、守ってあげたい気持ちの表現に使う。男性は女性に情交を迫っているにもかかわらず、その姿やその時に発せられる言葉、しぐさに可憐さを感じてしまう。

151

乱れた和服のまま縛られ吊るし上げられた紗弥乃から□《お》□《えつ》のような溜息が漏れていた。

152

もうこれ以上、多勢の男達の性の奴隷には耐えられないと妙子は□《むせ》び□《な》いた。

153

美由紀の口淫は男のモノを自分の□《いん》□《こう》に押し込むような激しいディープスロートなのだ。

覚える漢字

咽

音

いん
えん
えつ

訓

のど
むせ(ぶ)

こたえ

151 嗚咽
152 咽泣
153 咽喉

解説

咽喉はどちらも「のど」をさす言葉。息づかいの荒さや短い呼吸を繰り返すさまを表現する。女性の感じる描写や危機感を表現することで使用。

その他の言葉

咽頭
咽下

154

自分の中にあるサディズムが現われ、□《し》□《ぎゃく》欲がそそられた。

155

さゆりにはすでにマゾヒズムが芽生え、□《ひ》□《ぎゃく》□《かい》□《かん》なしには生きられない生き物と化していた。

156

自分の□《せい》□《てき》□《し》□《こう》を剥き出しにしてむさぼることにしよう。

覚える漢字

虐

音　ぎゃく

訓　しいた(げる)　むご(い)

嗜

音　し

訓　たしな(む)

こたえ

154　嗜虐

155　被虐快感

156　性的嗜好

その他の言葉

虐待

自虐

嗜食

解説

「嗜」はたしなむ、「虐」はむごいの意なので、「嗜虐」はむごいことをたしなむので、サディスティックさを表現する時に使用。逆にマゾヒスティックは「被虐」で表現する。SM小説では必ず出てくる漢字である。

157

もはや猛烈に□《ぼっ》□《き》した棹から先走りの液が滲み出ていた。

158

その憐れな姿に昂奮し、今まで□《た》たなかった如意棒が□《おこ》ったのだ。

159

生まれてはじめて□《ぶる》□《が》□《りあ》の女性と付き合うことになった。

覚える漢字

勃

音
ぼつ

訓
おこ(る)
にわ(かに)
た(つ)

こたえ

157 勃起
158 勃勃
159 勃牙利

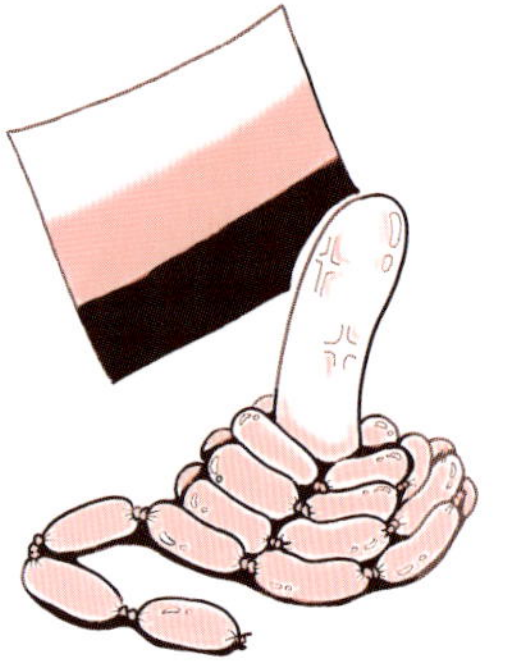

解説

「勃」は急に起き上がる意味を持つ。勃発、勃興など歴史の教科書でも出てくる漢字だ。陰茎が起き上がる「勃起」の意味では「立つ」から「勃つ」が使われるようになり、「起こる」も「勃こる」とイメージしやすい漢字が使われる。

160

麗子は脳まで打ち抜かれたような屈辱に□《しん》□《ぎん》した。

161

はじめて綾子のアヌスに押し込まれるように肉棒が入り、思わず息がつまり□《うめ》きを漏らした。

162

鞭で打たれ、□《うな》るような長い喘ぎ声が響いた。

覚える漢字

呻

音	訓
しん	うめ(く) うな(る)

こたえ

160	161	162
呻吟	呻	呻

解説

苦しむ姿の表現に使用。官能小説では瞬間の苦しみを表現し、のちに快楽をともなってくる意味を含む。つまり「呻き」は苦痛が快楽に変わっていく変化の表現でもある。

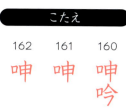

163

酒色に□《たん》□《でき》した弘之はもはや仕事をする気などなかった。

164

女王様の黄色く光る□《にょう》が口の中へと入っていった。

165

早紀の見事なボディにベッドの上で死ぬほど□《おぼ》れた。

覚える漢字

溺

音
でき

訓
おぼ(れる)
にょう

こたえ

163 耽溺

164 溺(尿)

165 溺

その他の言葉

溺愛

溺死

解説

「溺」はさんずいに弱いではなく、下ひげが本来正しい。例題163の「耽溺」は「耽」がふけるの意で「溺」がおぼれるの意であるから、夢中で周りが見えない様子を表す。例題164は尿が正しいが、プレイを楽しむ背景を入れ込み、あえて「溺」と表現する作家もいる。官能小説には異性に溺れる描写が多用されるので、「溺」を使ったさまざまな熟語が出てくる。

166

さぞかし高飛車な女なのだろう、ボクの出で立ちを見るなり「へん」と言葉を発して□《さげず》んだ。

167

はるみはいつも同級生の女の子から□《ないがし》ろにされ続けた。

168

それまで俺を□《ぶ》□《べつ》の眼で見ていた女だったが、棹の大きさに急に態度が変わった。

覚える漢字

蔑

音	訓
べつ	さげす(む) ないがし(ろ)

こたえ

166	167	168
蔑	蔑	侮蔑

解説

官能小説での男女の関係において、さげすむ女、その劣等感からその女を征服する男の描写が比較的多い。プライドの高い女、地位の高い女、職業的に高飛車な女が性によって堕ちていくストーリーが人気なのだ。

その他の言葉

軽蔑　蔑視

169

たった一回の性行為で□《みごも》った□《にん》□《よう》□《せい》高い女。

170

すでに□《よう》□《ふ》となった寿美江だったが、あの刺激が今欲しいと懇願した。

171

あえて中出しをして□《はら》ませるストーリーを持つＡＶ。

こたえ

169 孕（身籠）　妊孕性

170 孕婦

171 孕

その他の言葉

懐孕　孕女

覚える漢字

孕

音：よう

訓：はら（む）　みごも（る）

解説

「孕」はお腹が膨らんでいる「乃」の象形文字の下に子が付くことから成り立つ。妊娠の意だが、官能小説では情交の際に女性の膨らみのある部位に熱を帯びる表現でも「孕む」を使用。

172

両腕を□《てすり》に縛られたままの加南子に、まずは左側の乳首に洗濯バサミを挟んでやる。

173

外から丸見えとなった動物運搬用の□《かん》□《しゃ》の中で調教プレイをはじめる。

174

後ろ手縛りで□《おり》の中へ連れて行き、天井のフックから身体を吊り下げた。

覚える漢字

檻

音　かん

訓　おり　てすり

こたえ

172　檻（手摺）

173　檻車

174　檻

その他の言葉

折檻

檻送

解説

「きへん」であることに注意。おりは鉄製だが「鑑」ではない。例題172は官能小説ではこの漢字のイメージから使用されるが、建築金物業界では「手摺」である。また子どもを叱る意味で「折檻する」とあるのも、檻に入れて反省させる意味合いを持つ。

175

世間から□《き》□《へき》だと言われようが、逆立ちでの自慰はやめられない。

176

仕事で□《なん》□《くせ》を付けてきた上司の女だったが、酔うと色っぽい眼で誘ってきた。

177

□《けっ》□《ぺき》な女でも激しい喜悦の前ではだらしなく花蜜を噴出していた。

覚える漢字

癖

訓　くせ

音　へき

こたえ

175　奇癖

176　難癖

177　潔癖

その他の言葉

性癖　悪癖

解説

偏った病気の象形。癖はカナで書くと「クセ」となり、悪いイメージをあまり感じさせないが、漢字での表現は良くないイメージとなり、意図して使われる。情事の描写では人それぞれの持つ性癖を表現することで、より想像が働く。

178

尋常ではない肉責めは□《そね》む気持ちが潜んでいるからだ。

179

イズミは好意を寄せていた男を奪われたことに□《ねた》みを覚えた。

180

同僚の夕子に決して言えない□《しっ》□《と》□《しん》を美穂は心に忍ばしている。

覚える漢字

嫉

音　しつ

訓　そね(む)

妬

音　と

訓　ねた(む)　や(く)

こたえ

178　嫉

179　妬

180　嫉妬心

その他の言葉

妬婦　憎嫉

解説

女性を中心とした表現なので「おんなへん」が付く。「嫉」は女の病をさし、「妬」は女の石を積もらせた気持ちをさす。女性特有の気持ちから生まれた言葉だが、男性が情交で女性に対し行う執拗な責めは嫉妬の要因が多い。

181

「その薄汚くだらしのない恰好で楽しいか、この豚野郎！」

女王様は麻縄で焼豚のように緊縛された直人に

何度も□《ちょう》□《ば》を繰り返し浴びせた。

182

上司の女はすでに社畜と化した私を奴隷のように□《ば》□《とう》した。

183

「どうだ、良いか、良いなら良いと言え」

康吉は□《ののし》りながら秀乃に言葉を言わせようとする。

覚える漢字

罵

音　ば

訓　ののし(る)

こたえ

181　嘲罵

182　罵倒

183　罵

その他の言葉

罵詈雑言

面罵

解説

「罵」は覆いかぶすの意から（悪口を）浴びせかける意味を持つ。例題181は、「あざわらい」「ののしる」ことで、SM小説で使用する作家もいる。置かれている相手の姿や恰好の悪さを言葉でいじることで、M男の愉悦を引き出す表現に使われる。

184

アナルの括約筋に肉棒の先の□《こぶ》を飲み込ませさえすれば、事はすんなり進むだけだ。

185

ちひろの□《りゅう》□《き》した秘核をさらに指で強めに撫で回すと秘液の噴出が激しくなった。

186

□《どう》□《みゃく》□《りゅう》破裂の危機から生還した。

覚える漢字

瘤

音　りゅう

訓　こぶ

こたえ

184　瘤

185　瘤起（隆起）

186　動脈瘤

その他の言葉

腫瘤　瘤鯛

解説

動脈瘤と聞くと漢字をイメージできるが、「コブ」だと漢字が想起しにくい。それはタンコブなどコブをカタカナ表記することが多いから。例題185は本来の「隆起」を使う作家もいるが、突起肉より瘤肉の表現の方が妖しげな想像を働かせる。

187

露な姿で脚を抱える美鳥に切ないまでの劣情の□《ほむら》が込み上げてきた。

188

あれだけ□□《きえん》を□《は》いた割には成果が出ない部下。

189

縄文時代の□□□□《かえんどき》を見ると、メラメラと燃えてくる。

覚える漢字

焔

訓　ほむら　ほのお

音　えん

こたえ

187　焔

188　気焔　吐

189　火焔土器

解説

焔は炎のこと。炎上という言葉はネット社会で話題に事欠かない漢字となったが、焔はどちらかと言うと、火が少し燃え上がるさまとなる。性的な欲望に火が付いたなどの表現で使用する。

190

こんな女でも□《おだ》ててやれば、すぐにその気になるもんだ。

191

もう奴の奴隷になるしかないというその場の男達の□《せん》□《どう》に君枝は屈服するしかなかった。

192

ここがホテルや旅館ではなく、港のコンテナ置き場だということが、洋子の性欲を□《あお》り立てた。

覚える漢字

煽

音	訓
せん	あお(る) おだ(てる)

解説

あおられ、おだてられて本来とは違った行動に移す意。女性の微妙な変化を表現することに使用。どちらかと言うと、一人というよりは数人から同じように奨められ、その決意をしてしまうさまを表す。

こたえ

190	191	192
煽	煽動	煽

その他の言葉

煽情

煽惑

193

もはや指で□《がん》□《ろう》を繰り返された淫裂からは秘液が噴き出し、腰づかいも荒くなっていた。

194

さんざん身体を□《もてあそ》ばれた美奈子だが、もう少し絶頂を楽しみたいと、自分で淫核を□《まさぐ》りはじめた。

195

指一本の動きに真澄の身体は□《ほん》□《ろう》されていた。

覚える漢字

弄

音
ろう

訓
もてあそ(ぶ)
まさぐ(る)
なぶ(る)
いじ(る)

こたえ

193 玩弄

194 弄 弄

195 翻弄

その他の言葉

戯弄　愚弄

解説

「淫」「悶」「怯」「痴」「辱」などと同様、「弄」は官能小説では重要漢字となる。とくに訓読みではさまざまな読み方があり、多様な性的シーンの表現で使われる。すべて相手をもてあそぶ意であるが、それは受動する女性の快楽のためでもある。

196

直子は□《おう》□《いつ》する愉悦の広がりに時間を忘れた。

197

悦子の花唇からは花蜜が□《あふ》れ出し太腿辺りで濡れ光っていた。

198

立ちバックのまま噴き出すように脚に伝わり□《こぼ》す愛液。

覚える漢字

溢

音　いつ

訓　あふ(れる)　こぼ(す)

こたえ

196　横溢

197　溢

198　溢

その他の言葉

溢水

満溢

解説

水があふれる意。「横溢」は溢れて広がるさま。バランスの悪い漢字なので何回か練習が必要。官能小説では女性の濡れぐらいでどれだけ良い感じ方をしているのかを表現するため、「濡れている」だけでは読み取れない状態描写が必要となる。

199

指で□《きょう》□《あい》な肉路を広げてやり、肉棒をブチ込んでやった。

200

まだ若い□《あい》□《ろ》にこの太棹を入れるにはもう少し愛撫が必要だろう。

201

指一本が辛うじて入る締りのある□《せま》いアヌスにズブズブと入れてみた。

覚える漢字

隘

音	訓
あい	せま(い) けわ(しい)

こたえ

199 狭隘

200 隘路

201 隘（狭）

その他の言葉

隘道

険隘

解説

69ページの「溢」の部首がこざとへんになった漢字。狭い意味を持つが、土地などのスペースの狭さではなく、路や穴の狭いさまで使われる。「狭隘な肉路（肉道）」といった表現はサイズが合わないものを入れ込む描写で多く使われる。

202

今にも秘裂全体に□《ちょう》□《いつ》しそうな花蜜が挿入を待ち望んでいるかのようだ。

203

沖縄県宮古島の古くからある□《はり》□《みず》□《うた》□《き》に行ってきた。

204

さやかの若さを□《みなぎ》らせた胸の膨らみに早く貪りつきたい。

覚える漢字

漲

音	訓
ちょう	みなぎ(る) はり

解説

水がいっぱい張りつめるさまだが、勢い盛んで若さを表現することに多く使われる。「漲らせた」は若さではじけそうな描写で使用。「漲溢」はいっぱいになってこぼれるさまを表現している。

こたえ

202 漲溢

203 漲水御嶽

204 漲

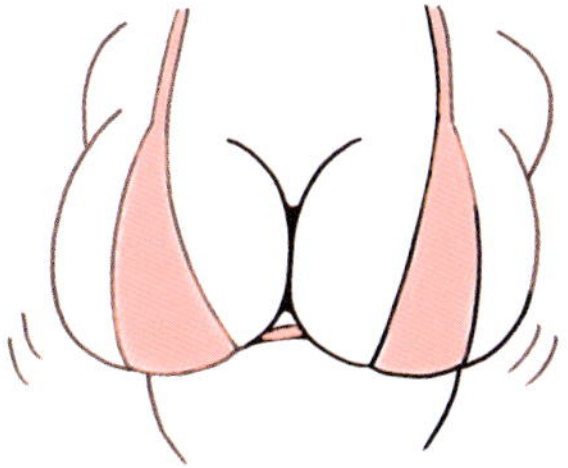

205

比奈子は大きな□《そう》□《でん》を左右に揺らして近づいてきた。

206

立ったまま抱き合い、腰に当てた右手から指で□《でん》□《れつ》へと這わせるように撫で進み、アナルでその指を止めた。

207

雅美の柔らかな□《しり》が突然、俺の顔を塞ぐように降ってきた。

覚える漢字

臀

訓　しり

音　でん

こたえ

205　双臀

206　臀裂

207　臀

解説

ヒップ、尻、臀、おしり、ケツと作家で使用する言葉の違いはあるが、医学用語の使用で官能度合いが増すこともあり、「臀」を好む作家は少なくない。双臀や臀裂は表現力の豊かさから生まれた熟語である。

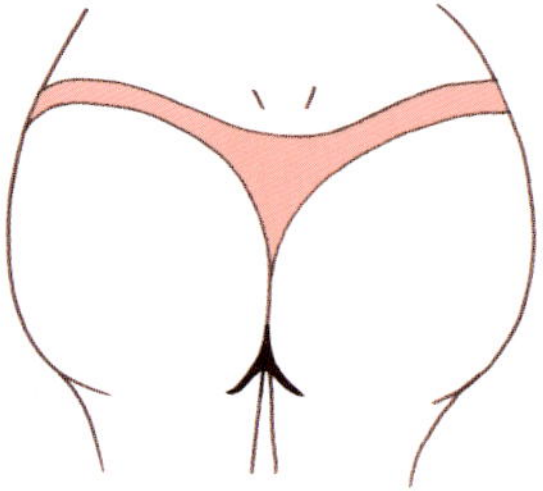

208

男達に身体を□《さいな》まれた郁子は身悶えていた。

209

プライドの高い恵子は□《か》□《ぎゃく》プレイにどこまで耐えられるか。

210

執拗なバイブ責めの後の放置プレイに美香は□《いら》□《だ》ちはじめた。

こたえ

208 苛

209 苛虐

210 苛立

その他の言葉

苛酷　苛烈

覚える漢字

苛

音：か

訓：さいな(む)　いじ(める)　いら(だつ)　むご(い)　きび(しい)　から(い)

解説

官能小説で多用される漢字。そのわけは多彩な読み方ができること。作家によってさまざまな言い回しがあり、たとえば「苛い」で「からい」、「虐める」を使わず「苛める」で「いじめる」、あるいは「煩わしい」を使わず「苛わしい」で「わずらわしい」と表現する場合もある。

211

長時間ミニバイブを花芯に当てられた女に□《かい》□《ひ》□《やく》として肉棒をズボズボと入れ込んでやった。

212

脱力するぐらい肉体を掻き回された登美子は、一方で□《しび》れるような喜悦が脳に走った。

213

薄汚いハゲオヤジとの情交を繰り返すうちに、かおるの男を見る目は□《ま》□《ひ》しはじめていた。

覚える漢字

痺

音　ひ

訓　しび(れる)

こたえ

211　解痺薬

212　痺

213　麻痺

解説

「痺」は肉体的な痺れが一般的だが、官能小説では精神的痺れの表現で使われることが多い。悦楽や恐怖が脳に痺れるような刺戟を与えている描写、肉体が耐え切れないさまを表現したりする。

214

その女は秘唇にピアスをきれいに□《かん》□《にゅう》していた。

215

機械の軸と穴がうまく噛み合うように、性の相性も□《かん》□《ごう》の良さが長続きの秘訣だろう。

216

頸に首輪を□《は》められた愛美は牝奴隷の道を歩むこととなった。

こたえ

214 嵌入

215 嵌合

216 嵌

その他の言葉

嵌谷

嵌まり役

覚える漢字

嵌

音: かん

訓: は(まる)、あな

解説

「嵌」は険しい山に空いた穴を意味する言葉で（そこに）すっぽりと入る、はまるさまをさす。「鎖を嵌められた」「手錠を嵌められた」など自分から行うしぐさというよりは、他人からつけられる意味で使用される。

217

貴美子の身体の□《ぜい》□《び》さに溺れ落ちていきそうだ。

218

小柄でおとなしい弘枝だが、コケティッシュにまとまった姿に美しく□《もろ》い女を感じた。

219

ガラスが大きなエネルギーで簡単に割れるように、桃子のプライドは圧倒する責めに□《ぜい》□《せい》□《は》□《かい》された。

覚える漢字

脆

音	訓
ぜい	もろ（い） かる（い）

こたえ

217 脆美

218 脆

219 脆性破壊

その他の言葉

脆弱

甘脆

解説

弱々しい意。「脆弱」はもろくてよわいこと。「脆美」は柔らかく美しいこと。例題218の「美しく脆い」は「かるい」でも意味は同じだが、尻軽女と言う意味ではなく、弱々しい意味が強いことから、「もろい」と読むべきである。

220

俺に背を向け両手で□《き》□《ふく》させると、臀部から秘裂が丸見えとなった。

221

旅館の女将が□《き》□《ざ》した後ろ姿にむらっとした。

222

寿子は立ったままの男の前に□《ひざまず》き、汚れた足を舐めはじめた。

覚える漢字

跪

音　き

訓　ひざまず（く）

解説

76ページの「脆」はにくづきに危険、跪はあしへんの危険である。危は伏せて身を守る行為の象形文字から漢字となった。つまり「脆」は身体を折り曲げるような弱々しさ、「跪」は足を折り曲げる行為をさす。どちらも官能小説での使用は多い。

こたえ

220　跪伏

221　跪座

222　跪

その他の言葉

跪拝

長跪

223

調教は嗜好のプレイであり、一般人の□《いん》□《さん》を極めたイメージとは明らかに違うものなのだ。

224

ときに昌彦の執拗な責めは□《むご》さもあるが、霧子にとってはそれが喜悦でもあった。

225

典子の□《みじ》めに晒した花唇からは花蜜が滴り落ちていた。

覚える漢字

惨

音

さん
ざん

訓

みじ(め)
むご(い)

こたえ

223 陰惨

224 惨(酷)

225 惨

その他の言葉

惨憺
凄惨

解説

いたましい意。「陰惨」は暗くむごたらしいことをさす。この「惨」は官能小説でよく使われる漢字。しかし訓読みでは「みじめ」として使用され、ほかは2字熟語での使用が多い。

226
情交が盛り上がってきたのか、しのぶの□《いん》□《とう》な本性が表われてきた。

227
真由は経験したことのない愉悦を与えたこの男に□《とろ》けた顔になった。

228
色に走った□《ほう》□《とう》□《むす》□《こ》の利明を親はついに勘当した。

こたえ

226 淫蕩
227 蕩
228 放蕩息子

その他の言葉

遊蕩
蕩尽

覚える漢字

蕩

音
さん
とう

訓
とろ(ける)
ゆ(れる)

解説

官能小説での「蕩」は和んでしまい心の締まりがなくなること、淫らで締まりがないさまをさす。本来の「淫蕩」の意味は色に溺れた生活のさまをいうが、成り行きから（相手を）上回るエロ度を増して溺れてしまうさまの描写で使われる。

229

激しいストロークがはじまると、ともみはその強烈な刺戟に□《りゅう》□《ぜん》が止まらなかった。

230

刺戟の強さに口に嵌められたボールギャグから□《よだれ》が滴り落ちてくる。

231

美人でスレンダーな女社長は社員からも□《すい》□《ぜん》の□《まと》だ。

覚える漢字

涎

訓：よだれ

音：せん　ぜん　えん

こたえ

229 流涎

230 涎

231 垂涎　的

解説

涎はさんずいに延びると書くので、長く伸びる＝涎となった。性描写では女性の細かな臨場感を文章化するため、あらゆる角度からその状況に筆を振るう。女性が涎を流すのは口を下側に向けられた状態での激しい行為に多く、喘ぎ声や絶叫を上げながら流すため、その激しさの表現に使用する。

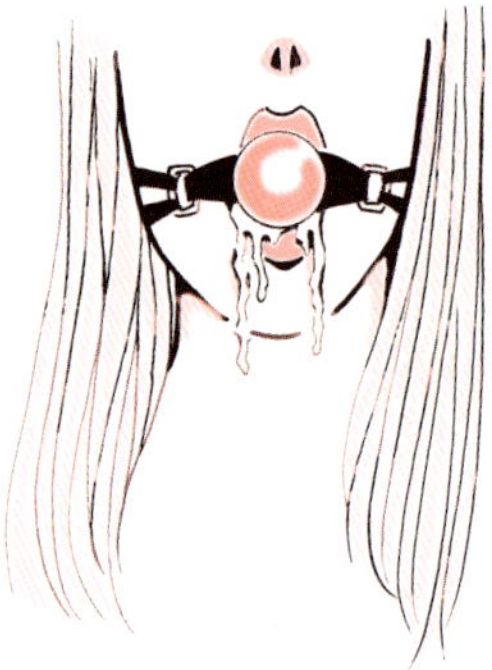

232

□《ぼか》した言葉でこたえる女に今一度、感じているところの名称を聞き直す。

233

長く首輪を嵌められたまま這うように連れ回されたからだろうか、その女は目が□《くら》み、周りにある物が見えにくくなっていた。

234

吊り上げられた陽子はフックを軸に回されると、□《め》□《まい》を感じたようで酔ったような吐気をもよおした。

覚える漢字

眩

音　げん

訓　くら（む）　まばゆ（い）　まぶ（しい）

暈

音　うん

訓　ぼか（す）　かさ

こたえ

232　暈

233　眩

234　眩暈

その他の言葉

瞑眩

日暈

眩い光

解説

眩暈は「げんうん」とも読むが、小説では「めまい」が読みやすい。ともに焦点が合わないさまの意味を持つ。「眩」はクルマの「防眩ミラー」のように眩しい光を防ぐことをさすように、「まぶしい」が一般的に使われる。「暈」は練習が必要なほど難しいため、床屋さんでも「白髪暈し」とは記載せず、「ぼかし」と平仮名を使う。

235

柱に縛られた女の前で□《じ》□《とく》にふけった。

236

高飛車な取引先の女性担当者を酔わせ、ホテルで□《けが》す妄想をしてみたが、ただ虚しいだけだった。

237

育代はそれまで築いたブランドを捨て□《お》□《とく》の女に成り下がった。

覚える漢字

流

音　とく

訓　けが(す)　あなど(る)

こたえ

235　自流

236　流(汚)(穢)

237　汚流

その他の言葉

冒流

流職

解説

「自流」は自慰つまりマスターベーションのこと。作家によって「自流」「自慰」「オナニー」「手淫」と表現方法は異なる。「汚流」は女性に対して使用することが多く、けがれた女の意味を持つ。「冒流」は一般的に使われる熟語だが、神や神聖なものに対してけがすような言動や行為をさすのだが、女房が旦那に「それは私に対する冒流だ！」などと怒るが、女房を神だと思っている人は少ないだろう。

238

もはや二人の関係は□《いん》□《び》さなしには続けられなかった。

239

この男から貸した金を返してもらうにはわざと□《なび》くしか方法がない。

240

かつて□《いっ》□《せい》□《ふう》□《び》した超人気アイドルも遂にＡＶ出演かぁ。

覚える漢字

靡

音　び

訓　なび（く）

解説

官能小説での「淫靡」はさまざまなシーンの表現として使われる。本来は淫らでくずれたさまをさすが、男女関係の表現や手足、陰唇、陰毛に至るまで、その動きや状況描写で多用される。「淫靡な手」のように、いやらしい淫らな手さばき、くずれた手の状態までと文脈により多様化する。

こたえ

238　淫靡

239　靡

240　一世風靡

その他の言葉

靡撫

萎靡

241

□《やみ》の□《とばり》のなかで、二人は激しく抱き合った。

242

二人は□《か》□《や》のなかで激しく抱き合った。

243

取引先と□《ちょう》□《あい》する。

覚える漢字

帳

訓：とばり　はり

音：ちょう

こたえ

241 闇帳

242 蚊帳

243 帳合

解説

「とばり」とは長い垂れ幕のことをさす。とばりは本来の意味を広義にとらえ小説や歌詞に表現方法のひとつとして使われる。ユーミンの埠頭を渡る風の歌詞の冒頭に「青いとばりが～」は晴れた薄暗い空を表現している。「闇の帳」も同様に、暗闇が続く外をさす。

その他の言葉

手帳

帳面

244

祐子の秘口に茄子をゆっくりと□《ちゅう》□《そう》してやると、その動きに合わせたような喘ぎ声を上げた。

245

その箪笥の□《ひき》□《だし》には美也子が以前に秘裂に嵌め込んでいたピアスが二つ入っていた。

246

肉棒をスルッと□《ぬ》いてやると、まだ早いといった顔をしてきた。

こたえ

244 抽送

245 抽斗（引き出し）

246 抽（抜）

その他の言葉

抽選

抽出

覚える漢字

抽

音　ちゅう

訓　ぬ（く）

解説

「抽」は小学校低学年で習う漢字。しかし音読みを「抽選」などの熟語で覚えるために、応用が利きにくい。それは「抽」の意味をよく知らないで教わるからである。「抽」は引き出すの意。だから抽選は選んで（箱から）引き出すことをさす。「抽送」は引き出して送り出すことだから「出し入れ」をする意味。つまりピストン運動、ストロークだ。

247

旦那がいつも読んでいる□《いや》らしい小説に飽き飽きしている。

248

冴子は愛する男の死に□《えん》□《せい》□《てき》になっていた。

249

そのような激しいプレイも□《いと》わないと恵理子は懇願した。

覚える漢字

厭

訓

いと(う)
いや(らしい)

音

えん
おう
よう

こたえ

247 厭

248 厭世的

249 厭

その他の言葉

禁厭
厭味

解説

「嫌がる」との差別化をするため「嫌らしい」を使わない。嫌いではなく、好きであるを裏返して使うことが多い。一方で「厭世的」となると、悲観して生きていることも嫌になる意味なので、熟語となると「辛くてイヤ」との意となる。

さらに覚えたい漢字36例文

250

□《て》□《かせ》□《あし》□《かせ》を外された瑠璃子はへばるように床に崩れ落ちた。

251

成子はたいして□《あらが》うこともなく、されるがままに靡いた。

252

もうほかに道はないことに気づいた春奈は□《うな》□《だ》れた。

253

□《うつぶ》せから仰向けになれと言われた瞬間、ゾクゾクした。

254

弄ばれた良美のプライドは地に□《お》ちたようなものだ。

255

今夜のお相手としてカーテンから出てきた女に□《がく》□《ぜん》とした。

256

その女の尖った乳首を□《かん》□《し》で挟み込んでやった。

257

沼正三の「□《か》□《ちく》□《じん》ヤプー」は名作だ。

258

もう一つのバイブを□《きく》□《ざ》にズブズブと入れ込んだ。

259

菜々子の□《きゃ》□《しゃ》な身体が火照りを帯びてきた。

260

プレイ用の道具を使って□《ごう》□《せき》してやろう。

261

ピンクのパンティからうっすらと□《しっ》□《こく》の茂みが見えていた。

262

香織は跪いて□《にく》□《けい》を口に咥えた。

263

秘口には秘液によって潤いを□《たた》えていた。

264

□《てい》□《そう》□《たい》を付けた女が現われ、思わず□《ふ》□《て》□《くさ》れた。

265

壁の穴から□《のぞ》き見たそこは酒池肉林の世界だった。

266

女はその刺激に喘ぎから狼が□《ほ》えるような呻きをはじめた。

267

昨日のプレイでできた□《あお》□《あざ》を甘噛みしてやる。

268

酒を□《あお》った隆はその力を借りて風俗へと向かった。

269

そう、お前は俺たちの邪欲の□《いけ》□《にえ》となったのだ。

270

□《こう》□《かつ》かつ手段を選ばない男にひっかかった女。

271

両手を縛られ吊るされた女を羽根で□《くすぐ》ってみた。

272

三角木馬で□《くら》□《ずれ》した真っ白な双臀。

273

脚フェチはヒラメ筋よりも締ったカタチの良い□《くるぶし》が好きだ。

274

大きなバイブを美咲の顔に近づけ「これを入れてやろう」と□《ささや》いた。

275

□《さる》□《ぐつわ》をされた女の口からは涎が流れていた。

276

何回も同じ刺戟が襲うたびに□《や》けるように身体が火照った。

277

長時間の調教を終えたさゆりは□《すすりな》きながら壁に額を打った。

278

理不尽な□《せめ》□《く》に柔らかな白い臀が踊る。

279

さて、汚れた秘膣を□《つぼ》□《あら》いしてやるとするか。

280

指でしばらく撫でてやると、閉じていた□《つぼみ》が緩んできた。

281

突然の訃報にその女は驚き□《どう》□《ごく》した。

282

彩加は屈強な男に□《とら》われ□《とりこ》にさせられた。

283

大勢の男たちに寄ってたかって□《なぶ》られた。

284

押し入れにあった雑誌□《ば》□《ら》□《ぞく》を久しぶりに読んだ。

285

昭和の名雑誌である□《き》□《たん》クラブをもう一度読みたい。

250 手枷足枷

251 抗

252 項垂

253 俯

254 堕

255 愕然

256 鉗子

257 家畜人

258 菊座

259 華奢

260 拷責

261 漆黒

262 肉茎

263 湛

264 貞操帯

不貞腐

265 覗

266 吼

267 青痣

268 呷

269 生贄

270 狡骨

271 擽

272 鞍擦

273 踝

274 囁

275 猿轡

276 灼

277 歔

278 責苦

279 壺洗

280 蕾

281 慟哭

282 囚 虜

283 嬲

284 薔薇族

285 奇譚

読めても凄い　書けるともっと凄い　感じる漢字ドリル初・中級編

ＪＳＭ研究会編

ＪＳＭ研究会
官能小説マニアとＳＭ誌元編集者の集団。官能小説の表現を研究しながら、新しい当て字も開発する。

２０１７年９月11日　第１刷発行

デザイン　勅使河原克典
イラスト　冴羽日出郎

編集人　佐々木　亮

発行人　田中　潤

発行所　有限会社 有峰書店新社
〒176－0005　東京都練馬区旭丘１－１－１
電話　03－5996－0444
http://www.arimine.com/

印刷・製本所　シナノ書籍印刷株式会社

ISBN978-4-87045-293-0